AF358578

UNION INTERNATIONALE
DES BEAUX-ARTS ET DES LETTRES
Fondée sous la haute Présidence de

Paul ADAM, Auguste RODIN, Vincent D'INDY

DEUXIÈME CONGRÈS

LE MUSÉE DU PEUPLE

DIRECTEUR-FONDATEUR

A. Mérodack-Jeaneau

CATALOGUE

Prix : 50 centimes.

1907

École Française

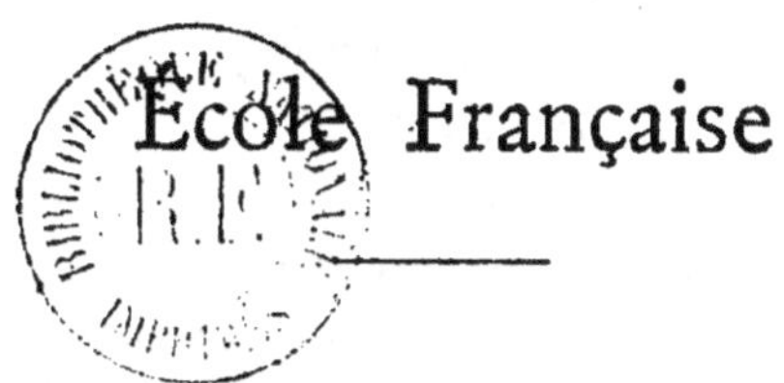

AGASSE-LAFONT (Léon).

1. Femme se chaussant (120 fr.).
2. Femme se coiffant (100 fr.).
3. Le modèle fatigué (100 fr.).
4. Tête de fillette, *dessin aux trois crayons* (80 fr.).
5. Femme ôtant son bas, *dessin aux trois crayons* (50 fr.).
6. Fillette, *dessin aux trois crayons* (40 fr.).

ALBA

7. Route de Provence (50 fr.).

AMET (Auguste).

8. Sous bois (500 fr.).
9. Vieillesse (200 fr.).
10. Petite brodeuse (200 fr.).
11. Fillette (200 fr.).
12. Fond du Lac de Genève (200 fr.).
13. Château du Chillon (200 fr.).

ANTIGNA (Marc).

14. Éventail (300 fr.).
15. Éventail (300 fr.).
16. Éventail (300 fr.).
17. Éventail (300 fr.).

ASSELIN (Paul-Maurice).

18. Lavoir breton au soleil (400 fr.).
19. Paysage breton, temps gris (150 fr.).
20. Soleil couchant à la côte (150 fr.).
21. Paysage breton au soleil (100 fr.).
22. Nature morte, fleurs (80 fr.).
23. Nature morte, porcelaines (50 fr.).
24. Fillettes bretonnes au soleil (150 fr.).
25. La chapelle Saint-Jacques (Orléans) (200 fr.).
26. Matinée dans un square (Orléans) (150 fr.).
27. Matinée de printemps (Orléans) (100 fr.).
28. Nature morte, fleurs (120 fr.).
29. Rochers au soleil (Bretagne) (150 fr.).

AUBELLE (René).

30. Le Thouet, près Thouars.
31. Étang de la Brenne (Berry).
32. La dune à Saint-Palais-sur-Mer.
33. Environs de Montreuil-Bellay.
34. Pâturage d'hiver, *aquarelle*.
35. Étang dans le Berry, *aquarelle*.

AUBERT (Jacques-L.).

36. Un cadre contenant des dessins d'Espagnoles
    et des croquis de mouvements de danse.

BAUDET (Marie).

37. Étude matin (Champagne).
38. Coucher de soleil.
39. Neige (Champagne).
40. Soleil couché (Champagne).
41. Coin de lac.
42. Impression soir (Champagne).
43. Impression juillet (Champagne).
44. Matin de neige.
45. Tête de paysan.

46. Nature morte.
47. Nature morte.
48. Nature morte.

BEAUDOT (LOUISE).

49. Évangile, *reliure imitée du xi⁰ siècle* (150 fr.).
50. Imitation de J.-C., *reliure gothique* (100 fr.).
51. Griselidis, *reliure* (70 fr.).
52. Petit missel (vendu).
53. Chansons de Botrel (40 fr.).

BENDA (G.-K.).

54. Portrait.
55. Étude (250 fr.).
56. Les primevères (200 fr. sans cadre).
57. Fougères, matinée de juillet (150 fr.).

BERNARD (MARGUERITE-JEANNE-CLAIRE).

58. Intérieur.
59. A l'atelier.
60. Paysage rural.
61. En vacances.
62. En Corrèze.
63. Jetée au Havre.

BOBIN (GEORGES-PAUL).

64. L'église de Gommecourt (200 fr.).
65. Le clocher du village, *aquarelle* (40 fr,).

BONNEAU (JACQUES).

66. Villa d'Este, Tivoli (Italie) (800 fr.).
67. Anacapri (Italie) (250 fr.).
68. Maisons à Taormina (Sicile) (200 fr.).
69. Taormina (Sicile) (200 fr.).

BOURDIER (RAOUL).

70. Moulin sur la Gartempe (250 fr.).

71. Moulin d'Ervaud (250 fr.).
72. Moulin sur la Gartempe le soir (150 fr.).
73. Le petit chemin en automne (120 fr.).
74. Les pommes (80 fr.).

BRUYER (GEORGES).

75. Les gosses, *monotype* (100 fr.).
76. Sur le plateau, *monotype* (200 fr.).
77. Crépuscule, *monotype* (80 fr.).
78. La dernière marche, *eau-forte* (30 fr.).

BUREAU (MARIE).

79. Portrait de France Darget.
80. Tête de jeune fille, *aquarelle*.
81. Tireur arabe, *aquarelle*.
82. Étude, *aquarelle*.

CASIMACKER (ANDRÉ DE).

83. Le vieux rôdeur, *pastel* (60 fr.).
84. Baigneuse, *pastel* (100 fr.).
85. Printemps, *pastel* (50 fr.).

CASTELLI (MARIUS).

86. La source (Aurès) (180 fr.).
87. Soir d'automne (Biskra) (180 fr.).
88. Vieux moulin à Bonifacio (150 fr.).
89. Tentes arabes (étude), *pastel* (80 fr.).
90. Coin de marché à Constantine, *pastel* (80 fr.).

CAYRON (LOUIS MAURICE).

91. Coin de ferme en Anjou (200 fr.).
92. Mare à l'automne en Anjou (150 fr.).
93. Chapelle côté gauche, église Sainte-Croix à
Bordeaux (200 fr.).
94. Chapelle côté droit, église Sainte-Croix à
Bordeaux (200 fr.).

95. Quatre études dans un cadre (25 fr. chacune sans cadre).
96. Fleur de Montmartre, *buste plâtre* (350 fr.).

CHABAUD (Auguste).

97. Dans la cour du mâs (300 fr.).
98. Derrière le mâs (200 fr.).
99. Moulin d'huile (150 fr.).
100. Devant la maison (100 fr.).
101. Chemin (100 fr.).
102. Moutons dans la montagnette (100 fr.).
103. Un mâs dans la montagnette (100 fr.).
104. Sous la lampe (150 fr.).
105. Une vache, *dessin* (50 fr.).
106. Deux dessins dans un seul cadre (60 fr.).

CHAUMERY DE SORVAL (Elise).

107. Portrait de Mme C. de S.
108. Portrait de la marquise de M.
109. Étude (200 fr.).
110. Portrait de Mlle de L.

CHEVALIER (Adrien-Henri).

111. Mouy (Oise) (300 fr.).
112. Sous bois (Seine) (200 fr.).
113. Les peupliers (Ardèche) (200 fr.).
114. Paysage (Ardèche) (300 fr.).
115. Une rue (Ardèche) (300 fr.).
116. Un moulin (Ardèche) (200 fr.).

CLERVILLE (M. de).

117. Aquarelle.
118. Aquarelle.
119. Aquarelle.
120. Aquarelle.
121. Aquarelle.

COHENDY (Paul).

122. Chemin au soleil couchant, *aquarelle* (75 fr.).
123. Soleil levant, *aquarelle* (125 fr.).
124. Effet du soir, *aquarelle* (150 fr·).
125. Effet du soir, *aquarelle* (135 fr.).
126. Effet du soir, *aquarelle* (135 fr.).

COIGNEAU (Albert).

127. La forêt en hiver (300 fr.).
128. Coin de prairie (300 fr.).
129. Temps gris sur l'Océan (300 fr.).
130. La cour du Presbytère (150 fr.). ¹
131. La Cavée (forêt de Lyons) (100 fr.).
132. Vieille maison (100 fr.).

COLIN (Paul).

133. Le marché aux pommes à Paris, *bois gravé* (30 fr.).
134. Le port d'Antibes, *bois gravé* (25 fr.).
135. L'homme battant sa faux, *bois gravé* (25 fr.).
136. Tête de cheval, *bois gravé* (20 fr.).
137. La traite des vaches, *bois gravé* (50 fr.).
138. La crue de la Seine, *bois gravé* (20 fr.),
139. Le goûter des paysans, *bois gravé* (60 fr.).
140. Le bûcheron, *bois gravé* (30 fr.).
141. La toilette, *bois gravé* (20 fr.).
142. Croquis de paysage, *bois gravé* (20 fr.).
143. Le village lorrain, *bois gravé* (30 fr.).
144. L'homme au chapeau, *bois gravé* (20 fr.).
145. Le moulin, *bois gravé* (20 fr.).
146. La forge, *bois gravé* (20 fr.).
147. Retour du labour d'automne, *bois gravé* (25 fr.).
148. Le bêcheur, *bois gravé* (20 fr.).

149. Sur nature, *bois gravé* (20 fr.).
150. Le fou du clocher, *bois gravé* (20 fr.).
151. La fille aux oies, *bois gravé* (20 fr.).
152. La chèvre aux vignes, *bois gravé* (20 fr.).
153. Le cerisier, *bois gravé* (20 fr.).
154. Cheval au bain, *bois gravé* (20 fr.).
155. Coin de marché, *bois gravé* (30 fr.).
156. Le maréchal ferrant, *bois gravé* (20 fr.).
157. Les meulettes, *bois gravé* (30 fr.).
158. Après le travail, *bois gravé* (25 fr.).
159. Le soir à Einville-au-Jard (Meurthe-et-Mo-
selle), *bois gravé* (40 fr.).
160. Pêcheurs de truites, *bois gravé* (50 fr.).
161. Hélène et Faust, *bois gravé* (40 fr.).
162. La cabane, *bois gravé* (40 fr.).
163. Le passage du gué, *bois gravé* (40 fr.).
164. La péniche, *bois gravé* (40 fr.).
165. Le parc aux moutons, *bois gravé* (50 fr.).
166. Catalogue (*quatre gravures*), *bois gravé*.
167. Petites filles au seau, *bois gravé* (25 fr.).
168. La laveuse, *bois gravé* (30 fr.).
169. Sur l'eau (*dix gravures*) *bois gravé* (60 fr.).
170. Bain des chevaux, *bois gravé* (25 fr.).
171. Jules Renard, *bois gravé* (25 fr.).
172. Jules Renard, *bois gravé* (25 fr.).
173. L'affiche, *bois gravé* (20 fr.).
174. Le semeur, *bois gravé* (20 fr.).
175. Le berger, *bois gravé* (40 fr.).
176. Les rois mages, *bois gravé* (20 fr.).
177. La danse, *bois gravé* (20 fr.).
178. La prière à la Nuit. *bois gravé* (20 fr.).
179. Hamilcar Barca, *bois gravé* (20 fr.).
180. L'Apocalypse, *bois gravé*, (20 fr.).
181. Les pleurants, *bois gravé* (15 fr.).
182. Le fossoyeur, *bois gravé* (20 fr.).
183. Les douleurs de Bruges, *bois gravé* (20 fr.)

184. Les anges, *bois gravé* (20 fr.).
185. La Tentation de saint Antoine, *bois gravé* (20 fr.).
186. L'ermite, *bois gravé* (20 fr.).
187. Le sceptre, *bois gravé* (15 fr.).
188. Le diable dans le beffroi, *bois gravé* (15 fr.).
189. La chute de la maison Usher, *bois gravé* (15 fr.).
190. Aventures d'un certain Hans Pfall, *bois gravé* (15 fr.).
191. La mort rouge, *bois gravé* (15 fr.).
192. L'aurore et les ténèbres, *bois gravé* (15 fr.).
193. Manuscrit trouvé dans une bouteille, *bois gravé* (15 fr.).
194. La lune, *bois gravé* (15 fr.).
195. Béatrice, *bois gravé* (15 fr.).
196. Le puits et le pendule, *bois gravé* (15 fr.).
197. William Wilson, *bois gravé* (15 fr.).
198. La barrique d'Amontillade, *bois gravé* (15 fr.).
199. Hop Frog, *bois gravé* (15 fr.).
200. Bérénice, *bois gravé* (15 fr.).
201. Le cœur révélateur, *bois gravé* (15 fr.).
202. L'homme des foules, *bois gravé* (15 fr.).
203. Le chat noir, *bois gravé* (15 fr.).
204. Virgile, *bois gravé* (15 fr.).
205. La lutte, *bois gravé* (20 fr.).
206. La colère, *bois gravé* (10 fr.).
207. Étude de nu, *bois gravé* (15 fr.).
208. Douze gravures originales sur bois pour « les Philippe » de J. Renard.
209. Huit gravures pour l'Almanach du Bibliophile, 1902.

CONTRAULT (ÉMILE-THÉODORE).

210. Les pins (Hérault) (100 fr.).
211. Les bords du Lez (Hérault), *aquarelle* (80 fr.).

212. Le halage, *dessin* (5o fr.).
213. La Tour Saint à Courtrai, *dessin* (5o fr.).

COSTEY (Prosper).

214. Bateau pêcheur du Finistère (200 fr.).
215. Temps calme, clair de lune (200 fr.).
216. Tartane espagnole (100 fr.).
217. Sur les côtes de Provence, clair de lune
    (100 fr.).
218. La pointe de la Garde (100 fr.).
219. A la sortie du port (100 fr.).

DARNOND (Marie-Antoinette).

220. Couverture pour « l'Illustration », *cuir re-*
    poussé (100 fr.).
221. L'Arlésienne, *miniature sur ivoire* (175 fr.).
222. Soir d'automne (15o fr.).
223. Lilas (200 fr.).
224. Myosotis (125 fr.).
225. Violettes (125 fr.).

DAVID (Ernest).

226. Pensées (600 fr.).

DECŒUR (Émile).

227. Grès (55 fr.).
228. Grès (65 fr.).
229. Grès (45 fr.).
23o. Grès (175 fr.).
231. Grès (175 fr.).
232. Grès (15o fr.).
233. Grès (125 fr.).
234. Grès (65 fr.).
235. Grès (55 fr.).
236. Grès (65 fr.).
237. Grès (100 fr.).
238. Grès (100 fr.).

DEHÉRAIN (François).

239. Eaux-fortes (60 fr.).
240. Pointes sèches (100 fr.).
241. La Seine vue du quai Bourbon (200 fr.).
242. Cinq heures du soir en octobre (80 fr.).
243. Clairière (80 fr.).
244. Vigne vierge au soleil (100 fr.).

DELASTRE (Edmond-Jean-Marie).

245. La vague, *grès flammé* (150 fr.).
246. Naïade (fontaine), *grès flammé et bois* (250 fr.).

DELORME (Madeleine-Blanche).

247. Intérieur (250 fr.).
248. Œillets (190 fr.).

DELORME-CORNET

249. Tête de jeune fille.
250. Oranges et Iris.
251. Nature morte (500 fr.).

DEPLANTÉ (B.).

252. Portrait de Mme L., *dessin*.
253. Portrait de Mme L., *dessin*.
254. Portrait de Mme L., *étude*.
255. La conversation, *dessin*.
256. Le Règlement, *dessin* (100 fr.).
257. Le Pansage, *dessin* (100 fr.).
258. Étude de nu. *dessin* (100 fr.).
259. Aux Tuileries, *pastel* (100 fr.).
260. La vieille Dentellière, *dessin* (100 fr.).
261. Le Cinéraire (250 fr.).
262. Après-midi Clichy (250 fr.).
263. Étude (250 fr.).

DERONDEL (Marie).

264. Après le repas (125 fr.).
265. Insouciance (180 fr.).
266. Premier exploit (180 fr.).

DEROULÈDE (Roger).

267. Lac Saint-James (200 fr.).
268. Au bois de Boulogne (200 fr.).
269. Les Cygnes (300 fr.).
270. A la fenêtre (150 fr.).
271. L'Ouvrier (150 fr.).
272. Sur le Banc (150 fr.).
273. Tireuse de cartes (200 fr.).
274. Jour de paye (200 fr.).
275. La Cigale (200 fr.).
276. Débuts (150 fr.).
277. Gavroche (150 fr.).

DESENNE-MATHEY (M.-E).

278. Éventail : Les heures du jour, *vernis Martin sur ivoire* (800 fr.).

DESGRANGES (Félix).

279. Soir (250 fr.).
280. Hiver (200 fr.).
281. Chevaux à l'écurie (150 fr.).
282. La remplaçante (350 fr.).

DIEUSET (Noël).

283. Paysage flamand.
284. Le balcon, soir d'été.
285. Nature morte.
286. Intérieur.
287. Paysage, Fontenay-aux-Roses.
288. Paysage, Fontenay-aux-Roses.

DOUROUZE (Daniel).

289. Les bouleaux (250 fr.).
290. Une allée en forêt (250 fr.).
291. Coin de forêt (250 fr.).
292. Les sapins après la pluie (150 fr.).
293. Bagatelle, le parc (200 fr.).
294. Environs de Vouziers (150 fr.).
295. Environs de Dinant (Belgique) (100 fr.).
296. Vue du Rhône près de Valence (150 fr.).
297. A Bagatelle, une allée (100 fr.).
298. Une allée de marronniers (130 fr.).
299. Vue du Rhône à Bourg-lès-Valence (150 fr.).

DUPUIS (Marie-Joséphine).

300. Pièce d'étoffe décorée chrysanthèmes,
     6 mètres (le mètre, 50 fr.).
301. Écharpe mousseline soie, églantines (20 fr.).
302. Fichu pèlerine, glycines (90 fr.).
303. Boléro taffetas, plumes de paon (80 fr.).
304. Panneau décoratif, tournesols (35 fr.).

DUVAL (Constant).

305. Le Moulin (400 fr.).
306. Les Péniches (400 fr.).
307. Le nuage rouge (100 fr.).
308. Printemps (100 fr.).
309. La Seine à la Frette (100 fr.).
310. Le chemin aux lilas (80 fr.).

DUZAN (Jules-Louis-Pierre).

311. Au Verdon, sous bois (Gironde) (200 fr.).
312. A Saint-Selve, coucher de soleil (200 fr.).
313. A l'Isle Saint-Georges, la Croix (200 fr.).
314. Ruisseau de Saint-Selve, *étude* (200 fr.).

ESPINET (C.).

315. Bugulessed (1.000 fr.).
316. La Cotriade (600 fr.).
317. Voiles au sec (600 fr.).
318. Messe de minuit (500 fr.).
319. Feuilles mortes (500 fr.).
320. Landes en fleurs (500 fr.).
321. Crépuscule (400 fr.).
322. Sur les dunes (400 fr.).
323. Lorient la nuit (400 fr.).
324. Matinée d'hiver (150 fr.).
325. Marine, temps calme (100 fr.).
326. Lever de lune (500 fr.).

FOURNIER (Benjamin).

327. Bords de la Vienne à Chinon (200 fr.).
328. Clair de lune (100 fr.).
329. Pont sur l'Indre à Huismes (100 fr.).

FOURNIER (Hippolyte).

330. Le soir de la Vie.
331. Anxiété.
332. Mère.
333. La lettre.
334. « Je dors, mais mon cœur veille ». (*André Chénier*).
335. Plus rien.
336. Ave Maria.
337. Portrait.
338. Liseuse.
339. Prière du soir.

FUNEL (Alexandre).

340. Un coin d'ombre (80 fr.).
341. Tête de bébé, *pochade* (80 fr.).

342. Intérieur d'atelier (80 fr).
343. Étude pour tableau (80 fr.).
344. Type de campagne (60 fr.).
345. Cardinal, *étude* (60 fr.).

GABARD (Ernest).

346. Buste fillette, *plâtre.*
347. Impressions de misère, *une série de huit
  statuettes.*

GALARD (Marthe).

348. Nature morte (200 fr.).
349. Les souliers jaunes (100 fr.).
350. Les tasses (80 fr.).
351. Éventail et ruban (100 fr.).
352. Tête de chien (50 fr.).
353. Chanson (400 fr.).

GARCIN (Rosine).

354. Une mare sur le plateau du Long Rocher
  (forêt de Fontainebleau).
355. A travers les pins.
356. Crépuscule.
357. Les pavots.
358. Étude.
359. Étude.

GAYAC (Ernest).

360. La fée au nain (150 fr.).
361. La fée Carabosse (100 fr.).
362 Tête de coq, *étude* (50 fr.).
363. Tribunal grotesque, *aquarelle* (50 fr.).
364. Sycorax. (La tempête, Shakespeare), *eau-
  forte* (15 fr.).
365. Klein-Zach (Contes d'Hoffmann), *eau-forte*
  (10 fr.).

GERMAIN (Louise).

366. Coin de basse-cour (600 fr.).
367. Poule et coq, *étude* (300 fr.).
368. Canards, *étude* (600 fr.).

GIRARD (Eugène).

Vues de la Seine à Paris :
369. Le quai de la Rapée (60 fr.).
370. Passerelle du Métropolitain et pont d'Austerlitz (60 fr.)
371. Remorqueur, pont d'Austerlitz (25 fr.).
372. Brouillard en face la gare de Lyon (20 fr.).
373. Crue, brouillard et gelée blanche (20 fr.).
374 Bateau charbonnier en face la gare de Lyon esquisse (10 fr.).

GIRARD (Marthe-Jacob).

375. Étude de fleurs : lis (400 fr.).
376. Étude de fleurs : pivoines (400 fr.).
377. Etude de fleurs : pivoines et tulipes (400 fr.).
378. Effet de neige (300 fr.).
379. Effet de neige (300 fr.).
380. Effet de neige (300 fr.).
381. Effet de neige (300 fr.).
382. Étude de boucherie (300 fr.).
383. Pochade : la batteuse (150 fr.).
384. Paysage ensoleillé (300 fr.).

GIRARDOT (Henri).

385. Nymphe (500 fr.).
386. Chagrin (400 fr.).
387. Petit paysan (200 fr.).
388. Ma nièce, *étude*
389. Dame espagnole (200 fr.).
390. Pivoines (100 fr.).

391. Nature morte, cuivre (100 fr.).
392. Nature morte, aubergines (100 fr.).
393. Nature morte, raisins (50 fr.).
394. Nature morte, coin de table (75 fr.).
395. Paysage (75 fr.).
396. Ètude (75 fr.).

GIRAUD-AYASSE (MARIE).

397. Environs de Toulon : pins parasols.
398. Chênes au soleil couchant.

GROS (LUCIEN).

399. Héas, cirque de Tremaise, Hautes-Pyré-
nées (300 fr.).
400. Vallée de Lys (Luchon) (150 fr.).
401. Cirque de Gavarni (100 fr.).

HALAY (MAURICE).

402. L'Océan, grande houle à Port-Donnant
(2.000 fr.).
403. L'Océan, l'assaut de la houle contre la
côte (1.000 fr.).
404. L'Océan, marée montante par petite houle
(1.000 fr.).
405. L'Océan, derniers feux du soleil (1.000 fr.).
406. L'Océan, mer de vent (1.500 fr.).
407. L'Océan, une vague (1.000 fr.).

HAMM (M.-A.).

408. Vide-poche, chardons (20 fr.).
409. Vase, les mûres (20 fr.).
410. Pichet, le gui (15 fr.).
411. Vase carré (15 fr.).
412. Petit vase, épines (8 fr.).
413. Petit vase, feuilles (8 fr).

HARIOT (Octave-Louis-Emmanuel).

414. Bords de la Seine à Lormais (Eure) (400 fr.).

415. En forêt (300 fr.).

HENNEQUIN (Marceline).

416. Songeuse, *pastel* (500 fr.).

417. Tante et nièce, *pastel* (500 fr.).

HERVIEU (Louise-Jeanne-Aimée).

418. Au cirque : le travail de l'enfant caout-chouc.

419. Dessins.

420. Dessins, impressions.

421. Dessin, la malade.

422. Les gens de la noce.

423. Première illustration pour un livre d'heures de la Vierge : « V. Votre nom, divine Marie est comme un baume répandu » — « R. Vos serviteurs trouvent leurs délices dans le tendre amour qu'ils ont pour vous. » *Tiré du petit office de l'Immaculée-Conception.* (Appartient à M. de Niederhausern-Rodo).

HILLEKAMP (Maurice).

424. Nesles-la-Vallée (500 fr).

425. Les blés à Parmain (200 fr.).

426. Fontaine place de la Concorde, *gravure en couleur* (40 fr.).

427. Coins de Paris, *eaux-fortes, 2 gravures en noir* (10 fr. chacune).

428. Coins de Paris, *eaux-fortes, 2 gravures en noir* (10 fr. chacune).

429. Coins de Paris, *eaux-fortes, 2 gravures en noir* (10 fr. chacune).

HOCHARD (Gaston).

430. A Paris : au jardin (1.000 fr.).
431. A Paris : les enfants au Luxembourg
    (1.500 fr.).
432. A Paris : la marchande des rues (800 fr.).
433. En province : les musiciens, effet de soir
    (5.000 fr.).
434. Au village : les tambours (1.500 fr.).

HOELLARD (Louis).

435. La chaîne de la vie, *esquisse*.
436. La vengeance, *esquisse*.

JOLLY (André).

437. Chapelle Bretonne (300 fr.).
438. La fillette au parapluie (200 fr.).
439. Marine (200 fr.).
440. Bords du Belon (200 fr.).
441. Neige, Pont-Aven (200 fr.).
442. Temps gris, Pont-Aven (200 fr.).

JORON (Paul).

443. Chemin muletier (150 fr.).
444. Eze (130 fr.).
445. La digue à Essonnez (150 fr.).
446. Bœufs au travail (100 fr.).

KARPELÈS (Andrée).

447. La veuve (500 fr.).

KAUFFMANN (Paul).

448. Chasse au renard en Angleterre (250 fr.).
449. Chasse au renard en Angleterre (250 fr.).
450. Chasse au renard en Angleterre (250 fr.).
451. Rallye-paper (250 fr.).
452. Rallye-paper (250 fr.).

453. L'offrande du mai en Alsace (250 fr.).
454. Veille de Pâques en Alsace (300 fr.).
455. Le vertige, Alsace (250 fr.).
456. Retour de la messe de minuit en Alsace (250 fr.).
457. Les noces alsaciennes : (Invitation au mariage. — Cortège de la fiancée. — La chaîne d'arrêt des mariés. — Le repas de noces) (1.000 fr.).
458. Un schlitteur dans les Vosges (250 fr.).

KERINGER (Albert-Joseph).

459. Lion, *aquarelle* (150 fr.).
460. Lac d'Annecy, *pastel* (150 fr.).
461. Jeunesse, *aquarelle* (200 fr.).

LACAZE (Charles).

462. Torpilleur par gros temps (70 fr.).
463. Bateau breton au mouillage (80 fr.).
464. Soir d'été en Bretagne (80 fr.).

LAURENS DE WARU (Jean).

465. Aquarelle.
466. Aquarelle.

LA VILLETTE (Elodie).

467. Coup de mer sur la jetée de Port-Ivy (700 fr.).
468. Effet de soleil au Fiozo, Quiberon (600 fr.).

LEDOGARD (Georges).

469. Ile Lacroix à Rouen (150 fr.).
470. Bords de la Seine à Rouen (150 fr.).

LEMAIRE (Edmond).

471. L'alouette, *enluminure* (100 fr.).

472. Canon d'autel (partie centrale et 2 côtés),
   style xv⁰ siècle (250 fr.).

473. Oraison à Monseigneur Saint-Denis, *enlu-
   minure*.

474. Salve Regina (80 fr.).

LEPETIT (A.-M.).

475. Chalands sur la Moselle à Trèves (30 fr.).

476. La tante à héritage (40 fr.).

477. Ruelle à Ferrières (30 fr.).

478. Le mont Fourcat (80 fr.).

479. La Meuse à Dinant (Belgique) (80 fr.).

480. Liseuse (80 fr.).

481. Projet d'alphabet. *aquarelle* (20 fr.).

482. Esquisse pour l'affiche du Byrrh (20 fr.).
   (Une suite de 30 dessins — recherches de
   la série « Le Village » — parus dans le
   « Figaro français illustré » 1906-1907) :

483. La proclamation.

484. Les glissades.

485. L'expert conciliateur.

486. Le jour des morts.

487. Le pochard.

488. Le chemineau.

489. Les confitures.

490. La bourrasque.

491. Le gros propriétaire.

492. Jeu de boules.

493. Marché aux servantes.

494. Un dîner chez le maire.

495. Les fileuses.

496. La fille qui a mal tourné.

497. Procès de la lanterne.

498. En route pour la noce de notre cousin.

499. 14 juillet.

500. L'orgue de Barbarie.

501. Le cabaret.
502. La grande place, l'église.
503. La procession.
504. La maison hantée.
505. Floréal.
506. Départ pour Lourdes.
507. La pétrisseuse.
508. Le puits communal.
509. L'heure du pot-au-feu.
510. La sortie de la messe de minuit.
511. La terreur des petits enfants.
512. Le petit Noël.

LE PETIT (ALFRED).

513. Pauvre homme. -- Pauvres nations. — Le
    président Krüger, *caricature* (50 fr.).
514. Ile de la Jatte, près d'Asnières (65 fr.).
515. Le cochon et le mendiant, *caricature*
    (100 fr.).
516. L'hippopotame et la girafe, *caricature*
    (85 fr.).
517. Le Chaumier, Normandie, *dessin* (85 fr.).
518. Poule et ses poussins, *aquarelle* (150 fr.).

LHOTE (ANDRÉ).

519. Plage (200 fr.).
520. Châtaigniers et platanes au printemps
    (200 fr.).
521. Les dunes (200 fr.).
522. Étude de tête sous le soleil (200 fr.).
523. Coin de parc au soleil (100 fr.).

LOUVET (CAMILLE).

524. Dura lex [La recherche de la paternité est
    interdite... (*Code civil*)] (600 fr.).
525. Sous le givre, souvenir de Beauce (600 fr.).

526. Rue de petite ville, le soir (400 fr.).
527. Le pont. *pastel* (200 fr.).

MARROU (FERDINAND).

Une vitrine contenant :

528. Un pare-étincelles, *fer forgé* (1.800 fr.).
529. Une paire de pelle et pincettes, *fer forgé* (250 fr.).
530. Une coupe, *grès artistique avec monture en fer forgé* (180 fr.).
531. Deux appliques, *fer forgé* (240 fr. la paire).
532. Une veilleuse, potence, *fer forgé* (120 fr.).
533. Une veilleuse avec pied, *fer forgé* (60 fr.).
534. Un bougeoir, *fer forgé* (35 fr.).
535. Un encrier, *fer forgé* (70 fr.).
536. Une chaîne avec enlacement, *fer forgé* (25 fr.).

MARTIN (JACQUES).

537. Fleurs.

MARTIN (LÉON).

538. Face au grand Trianon, *aquarelle* (120 fr.).
539. Solitudes d'été, Versailles (80 fr.).
540. Solitudes d'automne, *dessin* (80 fr.).
541. Le déjeuner des mousses, Marseille, *aquarelle* (70 fr.).

MARTIN (VICTOR).

542. Forêt de Fontainebleau, Roches Bernard (250 fr.).
543. Saint-Jeoire Prieuré, Savoie (150 fr.).
544. Le chemin des Griottes, aux Sablons (160 fr.).

MARTIN DES AUVIGNES (Paul-Louis).

545. Perchoir de dindons en Nivernais (400 fr.).
546. Après le soleil couché (200 fr.).
547. Un coin de prairie en Nivernais (200 fr).

MAYNARD (Juliette-Lucienne).

548. Marais salants (400 fr.).
549. La dévideuse (300 fr.).
550. Portrait de Mme A. P.
551. Métamorphose de Cyparès, *peinture imita-
     tion tapisserie* (300 fr.).
552. Le Gerson, *aquarelle* (200 fr.).
553. Portrait de Françoise d'Aubigné, *miniature*
     (150 fr.).

MAZELINE (Jehanne).

554. Heures de doute (2.000 fr.).
555. Angoisse (300 fr.).
556. Les bavardes (300 fr.).
557. Venise, lagune de la Malaria (150 fr.).
558. Venise, soleil couchant, automne (300 fr.).
559. Venise, les voiles rouges (150 fr.).

MÉALLET (V.).

560. Coin de parc à Garches (75 fr.).
561. Pont de Chatou, vu de l'île (75 fr.).
562. Parc de Saint-Cloud (150 fr.).
563. Moulin en Hollande (150 fr.).
564. Coin de Normandie, près Yport (200 fr.).

MEHIER DE MATHUISIEULX (M).

565. Figues (60 fr.).
566. Roses (100 fr.).
567. Poissons (60 fr.).
568. Buvard, *art populaire* (12 fr.).
569. Boîte à gants, *art populaire* (10 fr.).

MEIN (Etienne).

570. Paysage de Provence (400 fr.).
571. Paysage : champ de luzerne (300 fr.).
572. Rue de village, *étude* (100 fr.).
573. Vieillard au soleil, *gravure eau-forte origi-
nale* (100 fr.).
574. Portrait d'Antoine Vollon, *gravure eau-
forte* (100 fr.).
575. Étude de paysanne, *eau-forte originale*
(50 fr.).

MELOIZES (Henri des).

576. La Sédelle à Crozant, *aquarelle* (250).
577. La Sédelle à Crozant. *aquarelle* (250 fr.).
578. Jonquilles et œillets, *aquarelle* (250 fr.).

MERAZZI (Jean-Baptiste).

579. La Mare aux fées, forêt de Fontainebleau
(150 fr.).
580. Les vieux chênes (150 fr.).
581. Le Dormoir (100 fr.).
582. Le soir (100 fr.).

MORARD (Henri).

583. Les meules, fin de journée (200 fr.).
584. Les avoines (200 fr.).
585. Les foins, fin de journée (400 fr.).
586. Matinée de printemps (400 fr.).
587. Premières gelées (400 fr.).
588. La rivière (600 fr.).

MOREL (Jules).

589. Indécis (2.000 fr.).
590. Nu, *étude* (700 fr.).
591. Turc de Smyrne (1.500 fr.).

MOUJON-GAUVIN

592. Ferme à Vichy (150 fr.).
593. Maternité à Saint-Louis (300 fr.).
594. Rue Mouffetard (100 fr.).
595. Vieux Paris (200 fr.).
596. Ferme à Paimpol (100 fr.).
597. Chrysanthèmes (100 fr.).

O'RORKE (Pauline).

598. Derniers rayons (300 fr.).
599. Fillette de Kerlaz (200 fr.).
600. Étang de Sologne, *eau-forte originale* (25 fr.).
601. Étude de vieillard, *eau-forte originale* (15 fr.).

PANGON (Marguerite).

602. Glace en bois sculpté (vendue).
603. Cuir artistique (40 fr.).
604. Un cadre, étain repoussé ; sujet cuir : Stella
     Matutina (80 fr.).

PAQUET (René)

605. Puteaux, vue sur le bois de Boulogne
     (100 fr.).
606. Puteaux, vue sur les coteaux de Meudon
     (50 fr.).
607. Puteaux, vue sur le Sacré-Cœur (50 fr.).
608. Tête de vieillard (appartient à M. L.).
609. Gravure eau-forte (30 fr.).

PARGUEZ (Alice)

610. Portrait de Mlle K. C., *miniature sur ivoire*.
611. Portrait d'enfant, *miniature sur ivoire*.

PAVIE (Jean)

612. Souvenir de ma jument Tanagra.
613. Souvenir de ma jument Joyeuse.

614. La Vue (5o fr.).
615. Portrait de mon père, *dessin*.
616. Portrait de mon frère, *dessin*.
617. Croquis de Soudanais (4o fr.).
618. Croquis de chiens (6o fr.).
619. Projet de décoration (jardinière, coffret, frise etc.), (6o fr.).
620. Effets, *quatre dessins* (8o fr.).
621. Soleil de novembre (5o fr.).
622. Images, menus, études.

PIDOUX (Ernest)

623. Étude.
624. Étude.

POIGNANT (Albert)

625. Côte sauvage, Quiberon (100 fr.).
626. Soir d'Automne à l'Epan (5o fr.).
627. Matinée d'été, baie de Quiberon, *aquarelle* (5o fr.).
628. Dernier sommeil, *aquarelle* (5o fr.).
629. Grande Rue, le Mans, *aquarelle* (5o fr.).
630. Le Manemeur, Quiberon, *aquarelle* (5o fr.).

QUEULEVÉE (Albert)

631. Coin de parc (5oo fr.).

RAMOND (Paul)

632. Amandiers fleuris.
633. Coin de forêt en Mars.

RAOUL-MARIE (Edmond)

634. La Seine à Bougival (3oo fr.).
635. L'étang de Saint-Cucufa (3oo fr.).

RASTOUX (Jules)

636. L'étang de Thau, à Cette (150 fr.).
637. Les amandiers en fleurs, *aquarelle* (50 fr.).
638. La récolte des olives, *aquarelle* (80 fr.).
639. Le temple de Diane, Nîmes, *aquarelle* (70 fr.).
640. Le moulin du mont Duplan, *aquarelle* (40 fr.).
641. Un vieux mur avec amandiers en fleurs (100 fr.).

RIBEMONT-DESSAIGNES (Georges)

642. Mer grise (200 fr.).
643. Ferréol (200 fr.).
644. Crépuscule, les sapins (300 fr.).
645. Automne (appartient à M. G. K.).
646. L'arbre (appartient à Mme J. K.).
647. Soir (300 fr.).
648. Pins le soir (300 fr.).
649. Sur la montagne (300 fr.).
650. Forêts sur la montagne (300 fr.).
651. Crépuscule, arbres en fleurs (290 fr.).
652. Paysage en septembre (250 fr.).
653. Les toits (250 fr.).

RICHARD-LAGERIE (Henriette)

654. Émail d'art (Galilée) (1.000 fr.).

RIGAULT (Félix-Alexandre)

655. Bateau de pêche, lever de lune, *pastel* (70 fr.).
656. Lever de lune, au déclin, *pastel* (70 fr.).
657. Matinée, *pastel* (120 fr.).
658. Blanca, *pastel* (70 fr.).
659. Soir d'automne, *pastel* (150 fr.).

ROBERT (Lucien-Henry)

660. Que vais-je lui dire? (300 fr.).
661. Devant la glace (300 fr.).
662. Paysage (400 fr.).
663. Attente (300 fr.).
664. En promenade sur les falaises (500 fr.).
665. Coin de ferme, Somme (450 fr.).
666. Falaises près Vaucottes, Somme (300 fr.).
667. Petite main (400 fr.).
668. Silhouette parisienne (300 fr.).
669. Jeune chevrière (400 fr.).
670. Porteuse de galets (300 fr.).
671. Metzy (600 fr.).

RUE (Paul)

672. Paysage en Berry.
673. Paysage en Berry.
674. Paysage en Berry.
675. Paysage en Berry.
676. Paysage en Berry.
677. Paysage en Berry.

RULLON (Arsène)

678. Virtuose, *buste plâtre patiné* (500 fr.).

SADOUX (Alfred)

679. Châtaigniers, *étude* (100 fr.).
680. Récifs (100 fr.).
681. Plein midi (100 fr.).

SAINVILLE (E. de)

682. Étude.
683. Étude.
684. Étude.
685. Étude.
686. Étude.
687. Étude.

SANTEUL (Claude de)

688. Mon clocher.
689. Le calme.
690. Roses de Chine.
691. Loyse.
692. Premier cigare.
693. Japonaiseries.

SCHERB (Constant)

694. Dans les Vosges (200 fr.).
695. Frontières suisses (200 fr.).

SÉBILLEAU (Paul)

696. Dans une allée de Charmes en octobre, à
     la Brède (Gironde) (1.600 fr.).
697. Dans les bois de la Brède, en mars (1.200 fr.)
698. Matinée à Langeais (600 fr.).
699. Dans la dune à Soulac (Gironde) (400 fr.).
700. Dans les roches de Saint-Georges de Di-
     donne, près Royan (350 fr.).
701. Chênes verts le soir, Saint-Georges de Di-
     donne (300 fr.).

SÉBILLEAU-SPRENGER (Mme)

702. Matinée de la Toussaint, fleurs en plein
     air (500 fr.).

SESBOÜÉ (D.)

703. Décorations à l'huile sur toiles « Tekko »
     exécutées par la maison D. Sesboüé.

SIBERTIN-BLANC (René)

704. Paysage d'automne (350 fr.).
705. La route à Clairefontaine (350 fr.).
706. La route, *crayon* (100 fr.).
707. Christ, *gravure sur bois* (20 fr.).

708. Le duel, *gravure sur bois* (20 fr.).
709. Portrait de ma mère, *crayon*.

SIMON (BLANCHE)

710. Chrysanthèmes (250 fr.).

SYLVANY (MICHEL)

711. Nocturne.
712. La Prudence pratique.
713. La Crainte.
714. La Chimère.
715. La femme au corbeau.

TROUBLÉ (GEORGES)

716. Nymphes pleurant la mort d'un chêne
    (600 fr.).
717. En forêt (200 fr.).
718. Dans les roches (200 fr.).

UZÈS (D^chesse D')

719. La Saône et le Rhône, *groupe marbre*.

VALTAT (FRANÇOIS-VICTOR)

720. Jardin au bord de la mer.
721. L'île des Veilles à Anthéore.
722. Rochers au bord de la Méditerranée.

VOLOT (JACQUES)

723. Eau-forte en couleur. Buste nu de femme,
    (*bronze*).

YERME (HENRI, ÉMILE)

724. Un beau dimanche aux fortifs (1.500 fr.).
725. Effet de neige aux Avents (Suisse) (800 fr.).
726. La neige au parc Montsouris (400 fr.).
727. Soleil sous bois, Vosges (300 fr.).

728. Au parc Montsouris en été (500 fr.).
729. Le coin japonais, *panneau décoratif* (1.000 fr.)

ZÉVORT (Georges)

730. 6 dessins à la plume : Finistère (500 fr.).
731. 6 dessins à la plume : Avalonnais (500 fr.).

École Italienne

BUGATTI (Rembrandt)

732. Groupe de deux chameaux (Fonte à cire perdue, par M. A. Hebrard) (1.500 fr., à trois épreuves).
733. Groupe de deux sangliers (Fonte à cire perdue, par M. A. Hebrard) (500 fr., à cinq épreuves).

MARGOTTI (Francesco)

734. Il Trovator Catalano : Don Maurique de Lara (400 fr.).
735. Il Cantor Catalano (3.000 fr.).
736. La Malaghegua (400 fr.).
737. I sommi di Jesu (4.000 fr.).
738. La Melanconia (400 fr.).
739. Il liutista (250 fr.).
740. L'abito Viola Studio (125 fr.).
741. Pallido Sole (125 fr.).
742. Alberelle (125 fr.).
743. Boscaglia (125 fr.).
744. Prima vera (125 fr.).
745. La Scaletta Rosa (125 fr.).

NANNINI (R.)

746. Rêverie, *statuette plâtre.*

747. M. Charles Berteaux, *buste plâtre.*

OLIVERO (Matteo)

748. Maudit soit le jour qui ramène le servage
(Appartient à M. Basile Jaroschenko).

École Espagnole

—

AMELL-JORDA (Manuel)

749. Tête d'étude : seigneur vénitien (500 fr.).

750. Le Grand-Père (500 fr.).

751. Peintre sous Louis XV (600 fr.).

752. On ferme (intérieur de l'église de Crécy)
(1.800 fr).

753. Lecture amusante (étudiant espagnol
XVIIe siècle) (100 fr.).

GONZALÈZ (Juli)

754. Maternité.

755. Maternité.

756. Maternité.

757. Narcisses.

GUARRO-VILARNAU (Joseph)

758. La Fontaine (700 fr.).

759. Allée (700 fr.).

760. Soleil de printemps (600 fr.).

761. Le bassin doré (500 fr.).

762. Crépuscule (400 fr.).

763. Le bassin des abricots (400 fr.).

MASRIERA (Louis)
764. La Maja.

SARRAHUJA (François)
765. Bords de l'Ariège (350 fr.).

École Anglaise

—

ATWOOD (Clare)
766. Kensington Gardens (800 fr.).
767. The Wheelwright (400 fr.).
768. The Yacht (125 fr.).
769. Saint-Cloud (125 fr.).

BAIRD (N. H. D.)
770. Noon (25 fr.).
771. Lyme Regis (6 fr.).
772. At Topsham (10 fr.).

BUCKLAND ET FARMER
773. George Dixon Schools, Birmingham.
774. Garden Front-House Staffordshire.
775. Three English Interiors.
776. Elementary School Birmingham.
777. Daseby Hall Dorthompton Shire.

BURTON VIVIAN
778. Le collier bleu (1.000 fr.).
779. Un vieillard (500 fr.).
780. Coucher du soleil au bord de la Seine
     (500 fr.).

BUZZARD (Mary)

781. Sourire, *bas-relief* (140 fr.).
782. A Game of draughts, *bas-relief* (60 fr.).

CAMPBELL (Charles)

783. Saint-Paul-du-Var (200 fr.).
784. Sainte-Maxime (140 fr.).
785. La Corniche (140 fr.).
786. Porte de l'église de Briza (150 fr.).
787. Villeneuve Loubet (125 fr.).

CARRICK (Ethel)

788. Le Five o'clock (1.500 fr.).
789. Le soir (500 fr.).
790. Marché aux fleurs (200 fr.).
791. Au jardin du Luxembourg (150 fr.).
792. Au jardin du Luxembourg (150 fr.).
793. Au jardin du Luxembourg (150 fr.).

CHAMPION (Jones)

794. A Rustic corner (20 fr.).

COCKRELL (Louis)

795. The Cow Boy, Early Morning (50 fr.).
796. Ploughing evening (50 fr.).

COHEN (M. Agnès)

797. Sisters (390 fr.).
798. Sketch of laughning woman (800 fr.).
799. Marietje (390 fr.).
800. Low-Tide.
801. Good-Bye.
802. Falkenburg.

CREALOCK (John)

803. La Tamise à Chelsea (1.500 fr.).
804. Battersea Park, Londres (500 fr.).
805. L'Été (500 fr.).

DRUCE (Elsie)

806. In Knole Park (40 fr.)
807. Reflections (30 fr.).
808. One of the unemployed (40 fr.).
809. The pilot (30 fr.).
810. The Railway cuting (30 fr.).
811. A Nude skotch (25 fr.).

GARDINER (Anna)

812. L'Église Saint-Étienne à Beauvais (350 fr.).
813. L'Église de Sucy en Brie (250 fr.).
814. La Seine, *eau-forte* (20 fr.).
815. Chartres, *eau-forte* (20 fr.).
816. Chartres.

HENDRY (George-Edward)

817. Autumn leaves (2.500 fr.).

HENTON (George M.)

818. Entrance to Cloisters Windsor (250 fr.).
819. Banqueting hall, Haddon hall (220 fr.).

HOLT (A. H.)

820. Maternité (1.000 fr.).
821. La Fin du jour (1.000 fr.).
822. Matin brumeux (500 fr.).

HOUSEMAN (Edith)

823. Belstone Tor. Dartmoor (100 fr.).
824. Low Iide (100 fr.).
825. Within sound of the sea (100 fr.).
826. Cley Mil (100 fr.).

JENNINGS (George)

827. The Victor (8.000 fr.).
828. The Vision of Sir Percivale (5.000 fr.).

KING (Edward)

829. Autumn (50 fr.).

LANGLEY (Helen)

830. Étude d'enfant, *plâtre bas-relief* (120 fr.).
831. Dans le jardin, *bas-relief en plâtre colorié*
(50 fr.).
832. Soleil couchant, *bas-relief en plâtre colorié*
(50 fr.).

LLOYD-JONES (Ernest)

833. Daisy Chains (250 fr.).
834. An English Landscape (200 fr.).
835. The sleeping beauty (Tennyson) (150 fr.).

MACLAREN (Charlotte-G.)

836. Portrait, *miniature* (21 fr.).

MAGGS (Catherine-M.-J.)

837. Saint Cross Winchester (100 fr.).
838. Une rue Montreuil-sur-Mer (Picardy)
(75 fr.)

MARSHALL (T. William)

839. Coin du Luxembourg (hiver). (Appartient
à M. le docteur Nicolas).
840. La Seine (temps gris) (300 fr.).
841. Les Peupliers (300 fr.).
842. Canal des Augustins (300 fr.).
843. Soleil d'été (250 fr.).
844. Villefranche (300 fr.).

MOBERLY (M.)

845. La Poursuite (200 fr.).
846. Dilys au soleil (150 fr.).
847. Les chrysanthèmes (125 fr.).
848. Une amitié sincère (100 fr.).

NEVILLE (Herbert)

849. Moonlight on the common (7 fr.).

NEWMAN (Florence)

850. Tête d'homme, *médaillon métal* (25 fr.).
851. Tête d'homme, *médaillon plâtre*.
852. Tête de femme, *médaillon plâtre*.
853. Tête d'enfant, *médaillon plâtre*.
854. Tête de femme, *médaillon métal* (25 fr.).
855. Tête de femme, *médaillon plâtre*.

SAVAGE-COOPER

856. Oil Painting « Lingering Summer » (700 fr.).

SOMPSON (Mary G.)

857. Le Soleil et l'Ombre, *aquarelle* (70 fr.).
758. Illustration d'un livre (40 fr.).
859. Une miniature (80 fr.).

WHALL (Veronica)

860. Little Snow White (20 fr.).
861. A Fairy Tiff (8 fr.).
862. Teasing Elf (6 fr.).
863. Pure Gold (1 fr.).

WILLIAMS (L. Gwendolen)

864. Le Chaudron, encrier (300 fr.).
865. La Primevère (175 fr.).
866. La Pâquerette (150 fr).
867. L'Oisiveté (250 fr.).
868. La Guêpe (225 fr.).
869. Le Bâton (250 fr.).

WILLS (Edgar)

870. Lust Gleanings (2.000 fr.).
871. Midnight (750 fr.).
872. Monlight et Miss (500 fr.).
873. The Flock Easly Spring (550 fr.).
874. A Gune day (400 fr.).
875. Pont Flamand (Bruges) (500 fr.).

WILSON (AIMÉE A. M.)

876. L'aurore, automne (300 fr.).
877. Les sables de Jorquay (280 fr.).
878. Soir orageux, Brighton (230 fr.).
879. Cottage anglais au printemps (200 fr.).
880. Marine : La Manche (80 fr.).
881. Tête : Bo-Peep, *crayon* (80 fr.).

WOLMARK (ALFRED)

882. Dr Philipps, *portrait*.
883. Les Reclus (700 fr.).
884. Un paysan (400 fr).
885. Étude en vert et brun (1.000 fr.).
886. Chaleur (300 fr.).
887. Un jour grisâtre à la côte d'Angleterre
(400 fr.).

École Américaine

—

LILLA (CABOT-PERRY)

888. Coupeuse d'herbe, japonaise (2.000 fr.).
889. Fin de jour en Normandie (1.500 fr.).
890. Portrait du Peintre.

MERRITT (ANNA-LÉA)

891. Sheep on Hampshire Downs (1.500 fr.).
892. Girls, portraits, *gravure originale* (50 fr.).
893. Cupid Bound, *gravure originale* (50 fr.).
894. Reepers. *gravure originale* (30 fr.).
895. Qudgement and Mercy at the gate of life
(50 fr.).

École Allemande

—

BRAUER

896. Clair de Lune, *pastel* (200 fr.).

CARRÉ (GERDA)

897. Des Roses (5oo fr.).

CLAUSS (IDA)

898. Porteurs de goémon (Bretagne) (5.000 fr.).

999. Le Brûleur de goémon en Bretagne (5.000 fr.).

COHEN (PAUL)

900. La cathédrale, York (600 fr.).

901. La cathédrale, Durham (400 fr.).

902. Bootham bar, York (5oo fr.).

903. La Coupe d'or (5oo fr.).

DOMS (WILHELM)

904. Duft (20 fr.).

905. Fruehstueck (15 fr.).

906. Schankel (20 fr.).

907. Dâs schensal (20 fr.).

908. Verdacht (20 fr.).

909. Empar (15 fr.).

910. Collegium (20 fr.).

911. Lustmord (15 fr.).

912. Der Mensch macht sich den Hund zum Fremde (15 fr.).

913. Unter Wasser (15 fr.).

914. Dammerung (20 fr.).

915. Warzenschweine (15 fr.).

GENTZ (Ismael)

916. Derrière la halle aux fleurs à Baden-Baden (600 fr.).

917. Maison de deuil du cimetière de Hall en Tyrol (500 fr).

918. Un cadre contenant six portraits d'hommes célèbres (1.450).

919. Mes Parents, *lithographie originale* (72 fr.).

GERHARDI (Ida)

920. Jeky Bey, *portrait.*

921. Mme R., *portrait.*

922. Mme Sieglin, *portrait.*

923. M. Jean, *portrait.*

HALLE (Oscar)

924. Rêverie (1.000 fr.).

925. Bruges (1.000 fr.).

926. Un pont à Bruges (600 fr.).

927. Rue ensoleillée en Flandre (800 fr.).

928. Intérieur flamand (750 fr.).

929. Frère et sœur (500 fr.).

OTTERSTEDT (baron Alexandre Charles d')

930. Pivoine (600 fr.).

VON SPRECKELSEN (Anna)

931. La toilette (300 fr.).

932. Soif (300 fr.).

933. Le désir de plaire (400 fr.).

STOCKDER (Martha)

934. Intérieur (400 fr.).

935. Plein soleil (350 fr.).

936. Boulevard des Étrangers Ajaccio (350 fr.).

937. Mimosa, *étude* (200 fr.).

938. Oliviers, *étude* (150 fr.).

939. Iris, *étude* (150 fr.).

École Belge

—

DESSENIS (Alphonse)

940. Portrait d'un ami.
941. Effet de neige (100 fr.).
942. Type de mon village (100 fr.).
943. Type de mon village (100 fr.).
944. Type de mon village (100 fr.).
945. Type de mon village (100 fr.).

JEFFERYS (Marcel)

946. Choses japonaises (1.500 fr.).
947. Les labours (1.500 fr.).
948. Chantier Brouillard (600 fr.).
949. Plage (800 fr.).
950. Impression (800 fr.).

JESPERS (Emile)

951. Sœurs d'infortunes, *groupe marbre* (4.000 fr.).

PICARD (Robert)

952. Après-midi d'été (800 fr.).

TOM (Morel de Tangry)

953. Mer démontée, cap d'Antibes (1.200 fr.).
954. Clair de lune, environs de Milan (1.500 fr.).
955. Coucher de soleil, Cagnes en Provence (900 fr.).

VON ENGELEN (Louis)

956. Temps humide (6.000 fr.).

957. Matinée de juillet (4.000 fr.).
958. La maison familiale (2.000 fr.).

WELVOERT (Ernest)

959. Petites glaneuses (350 fr.).
960. Las de jouer (350 fr.).

École Suisse

—

BALMER (Wilhelm)

961. Portrait d'enfant.

BUCHER (Edwin)

962. Rêverie, *buste plâtre*.
963. Le Mendiant, *tête plâtre* (300 fr.).

DUVAL (Béatrice)

964. Nature morte (100 fr.).
965. La baie de Fort-de-France (Martinique) (100 fr.).
966. La Laguna Ténériffe (100 fr.).
967. Bords de la Cure, *étude* (100 fr.).
968. Bords de la Cure, *étude* (100 fr.).
969. Bords de la Cure, *étude* (100 fr.).

GEORGE (Nelly)

970. Tête d'étude.
971. Portrait de jeune fille.
972. Mulâtresse cousant (50 fr.).
973. La Vilaine à Vitré (70 fr.).
974. Vieille impasse faubourg Saint-Honoré (75 fr.).
975. Paysage Doubs.

HERMENJAT (Abraham)

976. Mon Verger, *fresque*.
977. Mon Verger, *fresque*.
978. Portrait de Mme H.
979. Automne (150 fr.).
980. Portrait de Mme H. (300 fr.).
981. Temps d'orage, *fresque* (200 fr.).
982. Nocturne, *fresque* (300 fr.).
983. Chalets en hiver.
984. La Source du Rhône vue des hauteurs d'Evian-les-Bains (500 fr.).
985. Le jardin enseveli (300 fr.).

KŒLLIKER (Oscar)

986. Intérieur breton (300 fr.).
987. La Seine à Levallois, crépuscule (125 fr.).
988. L'Ile de la Jatte, Asnières (150 fr.).

École Hollandaise

—

GRAADT VAN ROGGEN (J. H.)

989. Vue à Moret-sur-Loing, *gravure* (100 fr.).
990. La Poterne à Moret-sur-Loing, *gravure* (90 fr.).
991. Ferme hollandaise, *gravure* (50 fr.).
992. Presbytère à Bergen (40 fr.).
993. Temps orageux (100 fr.).
994. Quartier des pauvres à Donburg (Hollande) (100 fr.).

KRAMER (Martinus)

995. La Bruyère, *aquarelle* (300 fr.).
996. Les Environs de Zuidlaren (70 fr.).
997. Rue de Hattem (50 fr).
998. Chaumière, Pays-Bas (50 fr.).
999. Rue de Rotterdam (40 fr.).
1000. Chaumière de Laren (30 fr.).
1001. Chaumière de Zuid-Laren (20 fr.).

PRUYS VD HŒVEN

1002. Songe d'une nuit d'été (Shakespeare)
    (900 fr.).
1003. Méditation, *aquarelle* (500 fr.).

SCHIEDGES (P. P.)

1004. Les deux moulins en chaume (3.000 fr.).
1005. Paysage d'automne (2.500 fr.).
1006. La maisonnette blanche (1.500 fr.).
1007. Maisonnette parmi les arbres (1.000 fr.).
1008. La Rivière (1.000 fr.).

VAN HALL (Thérèse)

1009. Vieille femme, *pierre* (600 fr.).
1010. Étude, *plâtre* (500 fr.).
1011. Jeune fille, *plâtre* (400 fr.).
1012. Gamin, *bronze* (300 fr.).
1013. Petite fille, *étude marbre* (300 fr.).

VELDHEER (J. G.)

1014. La synagogue, *gravure sur bois* (30 fr.).
1015. Panorama de la ville, *gravure sur bois*
    (30 fr.).
1016. Les deux Ponts, *gravure sur bois* (30 fr).
1017. Bruges (30 fr.).
1018. Le Zuiderzée, *gravure sur bois* (30 fr.).
1019. Edam, *eau-forte* (45 fr.).
1020. Les deux peupliers, *eau-forte* (30 fr.).

1021. Dans la ville de Harlem, *eaux-forte* (25 fr.).
1022. La Ruine, *eau-forte* (15 fr.).
1023. Le vieux Pêcheur, *gravure sur bois en cou-
    leurs* (50 fr.).
1024. Vaches, *gravure sur bois en couleur* (50 fr.).
1025. La rue de l'église, *gravure sur bois* (30 fr.).

École Danoise

—

BLOM (Gerhard)
1026. Brebis sur les collines (2.000 fr.).

École Suédoise

—

CEDERLUND (Gustaf)
1027. Le vieux priseur (300 fr.).
1028. Misère (500 fr.).
1029. Jeune femme au travail (500 fr.).
1030. Nouvelles du fils (800 fr.).

HESSELBORN (Otto)
1031. Weige (500 fr.).
1032. Paraxacum.
1033. Coucher de soleil (600 fr.).
1034. Brouillard de l'automne (250 fr.).

OLSON (Anders)

1035. The Elves Music (3oo fr.).
1036. La gamine (3oo fr.).

École Norvégienne

—

ARNESEN (Borghild)

1037. Un juge norvégien (3oo fr.).
1038. Anna Gardiner, *portrait*.
1039. Portrait d'enfant
1040. Nature morte (15o fr.).

École Autrichienne

—

TRÉBICKY (Émile Charles)

1041. Buissons fleuris (175 fr.).
1042. Arbres fruitiers en fleurs (15o fr.).
1043. Arbres fruitiers en fleurs (15o fr.).
1044. Matin dans les jardins de Malakoff (125 fr.).

École Russe

BUYKO (Boleslas)

1045. Tombeau de Napoléon Ier (800 fr.).

GAGARINE-STOURDZA
(Princesse Annina)

1046. Étude de Vieille (150 fr.).
1047. Loup de mer (200 fr.).
1048. Bords de la Siague (200 fr.).
1049. Études de Bretagne (100 fr. chacune).
1050. Complot (800 fr.).

GIERSZYNSKA (Marie-Casimire)

1051. Portrait.
1052. Carmen.
1053. Paysage.

GOLOVKOFF (Jerassim)

1054. En mer (800 fr.).

GRABOWSKA (Caroline)

1055. Taquineries (600 fr.).
1056. Maternité (1.000 fr.).

IMENITOFF (Natan)

1057. Masque : mélancolie (300 fr.).
1058. Le rare sourire. Tête de jeune garçon
(500 fr.).

KANDINSKY (Basile)

1059. Esquisse.
1060. Promenade (150 fr.).
1061. Au bord de l'eau (500 fr.).

1062. Cavaliers (200 fr.).

1063. Promenade à cheval (1.200 fr.).

1064. Soirs orageux (500 fr.).

1065. Les Traîneaux (1.000 fr.).

1066. Printemps (300 fr.).

1067. Village (300 fr.).

1068. La confusion des races (2.000 fr.).

1069. Combat, *dessin* (300 fr.).

1070. Promenade, *dessin* (300 fr.).

1071. Miroir, *dessin* (200 fr.).

1072. Promenade à cheval, *dessin* (300 fr.).

1073. Nuages, *dessin* (200 fr.).

1074. Fleurs, *dessin* (250 fr.).

1075. Mardi gras, *dessin* (400 fr.).

1076. Solitude, *dessin* (200 fr.).

1077. Venise, *dessin* (300 fr.).

1078. Causerie, *dessin* (100 fr.).

1079. Printemps, *dessin* (120 fr.).

1080. Vers le soir, *dessin* (350 fr.).

1081. Jour de fête, *dessin* (400 fr.).

1082. Enfant, *dessin* (200 fr.).

1083. En Province, *dessin* (100 fr.).

1084. Venise, *dessin* (300 fr.).

1085. Les Amies, *dessin* (250 fr.).

1086. Tristesse, *dessin* (200 fr.).

1087. Promenade, *gravure sur bois tirée à la main* (40 fr.).

1088. Soir, *gravure sur bois tirée à la main* (40 fr.).

1089. Chanteuse, *gravure sur bois tirée à la main* (40 fr.).

1090. Sur la plage, *gravure sur bois tirée à la main* (70 fr.).

1091. Les adieux, *gravure sur bois tirée à la main* (70 fr.).

1092. Voile Rose, *gravure sur bois tirée à la main* (55 fr.).

1093. Lever de la lune, *gravure sur bois tirée à la main* (55 fr.).

1094. Crépuscule, *gravure sur bois tirée à la main* (55 fr.).

1095. Saint-Cloud, *gravure sur bois tirée à la main* (45 fr.).

1096. Miroir, *gravure sur bois tirée à la main* (55 fr.).

1097. Chasseur, *gravure sur bois tirée à la main* (25 fr.).

1098. Trompette, *gravure sur bois tirée à la main* (25 fr.).

1099. Moine, *gravure sur bois tirée à la main* (20 fr.).

1100. Russie, *étude.*

1101. Munich, *étude* (150 fr.).

1102. Russie, *étude* (120 fr.).

1103. Munich, *étude* (100 fr.).

1104. Munich, *étude* (80 fr.).

1105. Bavière, *étude* (70 fr.).

1106. Munich, *étude* (150 fr.).

1107. Munich, *étude* (150 fr.).

1108. Bavière, *étude* (120 fr.).

1109. Bavière, *étude* (100 fr.).

1110. Russie, *étude.*

1111. Bavière, *étude* (100 fr.).

1112. Amsterdam, *étude* (150 fr.).

1113. Rotterdam, *étude* (150 fr.).

1114. Munich, *étude* (80 fr.).

1115. Bavière, *étude* (125 fr.).

1116. Bavière, *étude* (200 fr.).

1117. Saint-Cloud, *étude* (220 fr.).

1118. Saint-Cloud, *étude* (220 fr.).

1119. Russie, *étude.*

1120. Automne (250 fr.).

1121. Ville ancienne (600 fr.).

1122. Petit parc (300 fr.).

1123. L'Été (300 fr.).

1124. Soir orageux (800 fr.).

1125. Dimanche (600 fr.).

1126. Italie (500 fr.).

1127. Visite solennelle (500 fr.).

1128. Belle journée (350 fr.).

1129. Accident (1.300 fr.).

1130. Russie ancienne, *dessin* (200 fr.).

1131. A l'ombre, *dessin* (150 fr.).

1132. Un Parc, *dessin* (100 fr.).

1133. Chaussée, *dessin* (120 fr.).

1134. Village, *dessin* (150 fr.).

1135. Maison, *dessin* (100 fr.).

1136. Causerie, *dessin* (400 fr.).

1137. Un conte, *dessin* (200 fr.)

1138. Un guerrier, *dessin* (100 fr.).

1139. Rencontre, *dessin* (200 fr.).

1140. Projet de vitrail, *dessin* (250 fr.).

1141. Cirque, *dessin* (150 fr.).

1142. Hiver, *dessin* (250 fr.).

1143. La Foire, *dessin* (150 fr.).

1144. Un port italien, *dessin* (250 fr.).

1145. Caravane, *dessin* (300 fr.).

1146. Hiver, *gravure sur bois tirée à la main* (30 fr.).

1147. Nuit, *gravure sur bois tirée à la main* (55 fr.).

1148. Dompteuse, *gravure sur bois tirée à la main* (40 fr.).

1149. Été, *gravure sur bois tirée à la main* (55 fr.).

1150. Deux ex-libris, *gravures sur bois tirées à la main* (10 fr.).

1151. Bavière, *gravure sur bois tirée à la main* (35 fr.).

1152. Automne, *gravure sur bois tirée à la main* (45 fr.).

1153. Russie, *étude* (150 fr.).

1154. Munich, *étude* (80 fr.).
1155. Hollande, *étude* (80 fr.).
1156. Bavière, *étude* (125 fr.).
1157. Bavière, *étude* (125 fr.).
1158. Russie, *étude*.
1159. Munich, *étude* (100 fr.).
1160. Munich, *étude* (200 fr.).
1161. Rügen, *étude* (150 fr.),
1162. Bavière, *étude* (200 fr.).
1163. Rügen, *étude* (150 fr.).
1164. Rugen, *étude* (200 fr.).
1165. Ausburg, *étude* (200 fr.).
1166. Munich, *étude* (100 fr.).
1167. Bavière, *étude* (80 fr.).
1168. Bavière, *étude* (200 fr.).

MEETER DE ZORN (Amélie)

1169. Sous bois en Allemagne (500 fr).
1170. Soirée en Russie (500 fr.).
1171. La Tour de Peily (200 fr.).
1172. Nature morte (400 fr.).
1173. Bois (800 fr.).
1174. Le lac du Roi en Autriche (1.200 fr.)

POMANSKY (N.).

1175. Dans l'Inconnu (1500 fr.).
1176. Portrait de femme (vendu).
1177. Près de la mer (500 fr.)
1178. Mystère (300 fr.).
1179. L'Amour, *pastel* (100 fr.).
1180. Le Silence, *pastel* (vendu).

TARKOFF (Nicolas)

1181. Impression de la plage (350 fr.).
1182. Impression de la plage (350 fr.).
1183. Pot de fleurs (400 fr.).
1184. Travail sur l'eau (400 fr.).

1185. La plaine à Chevreuse (500 fr.).
1186. Toits sous la neige (400 fr.).

XYDIAS (PROCLE)

Vingt deux dessins au crayon :
1187. (120 fr.).
1188. (80 fr.).
1189. (80 fr.).
1190. (70 fr.).
1191. (70 fr.).
1192. (50 fr.).
1193. (100 fr.).
1194 (80 fr.).
1195. (80 fr.).
1196. (170 fr.)
1197. (120 fr.).
1198. (60 fr.).
1199. (120 fr.).
1200. (80 fr.).
1201. (80 fr.).
1202. (70 fr.).
1203. (80 fr.).
1204. (120 fr.).
1205. (60 fr.).
1206. (70 fr.).
1207. (60 fr.).
1208. (80 fr.).

Musique

DENOYELLE (Urbain)

1209. Sainte Hélène, *poème syı.iphonique.*
1210. V° Messe solennelle à 4 voix inégales, *acc.*
    d'orgue.
1211. Soirées d'hiver, *suites d'orchestre.*

STERGENUL (Lucrèce)

1212 Valse.
1213. Valse des Unionistes.
1214. Mazurka.
1215. Valse.
1216. Plaintes des Vagues, *valse.*

Lettres

RABEAU (A.)

1217. Révolte, *drame en 3 actes.*
1218 Baiser furtif, *comédie en 2 actes.*
1219. L'orage, *comédie en 1 acte.*

Typographie Orientale

—

A. BURDIN ET Cie

Imprimeurs a Angers. — Spécialité de travaux dans les lángues de l'Orient et de l'Extrême-Orient.

1220. Chants arabes du Maghreb. (C. Sonneck.)
  (Caractères arabes.)

1221. Catalogue des Livres chinois de la Bibliothèque Nationale. (M. Courant.)
  (Signes chinois.)

1222. Defixionum Tabellae. (A. Audollent)
  (Caractères grecs et épigraphiques)

1223. Sept Tombeaux Thébains (Ph Virey.)
  (Signes hiéroglyphiques.)

*
* *

N. B. — Destinées au « Musée du Peuple »
définitif, dans un but hautement éducateur,
les œuvres suivantes ont été acquises ou ac-
ceptées, après examen, par le Comité de
l'Union Internationale des Beaux-Arts, des
Lettres, des Sciences et de l'Industrie.

ALEXANDROWICHT (A.-J.)

1224. Portrait de Maxime Gorki.
1225. Portrait de Marcelin Berthelot.
1226. Portrait d'Elisée Reclus.
1227. Portrait de Louise Michel.

BERGMANN (Ch.)

1228. Bergens Omegn, *10 gravures.*
Don de Gérôme-Maësse.

BERN-KLÈNE

1229. Portrait de Camille Pissarro.

BRACHT (Eugen).

1230. Automne, *héliotypie.*
1231. Été, *héliotypie.*
1232. Hiver, *héliotypie.*

CABRERA (Fernando)

1233. Al Abismo, *héliotypie.*

DIÈRES-MONTPLAISIR (Géo)

1234. Matin d'automne, *dessin.*
1235. Chemin de la côte, soir d'hiver (*dessin*).
Don de Gérôme-Maësse.

FLORENZ (Traduction du Dr KARL)

1236. Terakoya, *drame japonais en un acte, publié
par T. Hasegawa, Tokio.*
Don d'Albert Cordier.

LEGRAND (LOUIS)

1237. Cinq dessins pour les « Tendances Nou-
velles », *épreuves sur Japon.*

RAFFAELLI (J.-F.)

1238. Deux lithographies pour les « Tendances
Nouvelles » *épreuves sur Japon.*

RIBEMONT-DESSAIGNES (GEORGES)

1239. Paysage, *lithographie originale.*

VELDHEER (J.-G.)

1240. Het Darp Bergen, *gravure sur bois.*
Don de S. L. Van Looy, d'Amsterdam.

VIBERT

1241. Le glaisier, *gravure sur bois en couleurs.*
Don de Jean Varni.

VUIBERT (PAUL)

1242. Paysage, effet du soir, *lithographie originale.*
1243. Porche d'église, en Bretagne, *lithographie
originale.*
Don de Jean Varni.

LASNERET (AUGUSTE)

1244. Bretagne-Anjou, *série d'aquarelles.*

*
* *

Les tentures qui décorent les salles du « Musée du Peuple » ont été offertes gracieusement par le *Palais des Marchands*.

*
* *

Les papiers peints décoratifs des fonds de panneaux ont été offert par la *Maison Sesboüé* et les fleurs par la *Maison Durand-Colas*.

Représentations Théâtrales.

Répertoires des Théâtres Antoine, Palais-Royal, Renaissance et du Grand-Guignol, avec le concours de :

M. MARCEL DU ROZAY
du Théâtre Antoine (Th. Libre).

—o—

Mlle G. SÉMORESSA
du Théâtre du Grand Guignol.

—o—

Mlle MARGUERITE CARLINA
du Théâtre National de L'Odéon.

—o—

M. GEORGES LEDUC
du Théâtre Municipal du Châtelet.

—o—

Mlle J. BRÉVAL
du Conservatoire de Paris.

—o—

M. A. PONSART
du Théâtre Municipal d'Angers.

—o—

M. RONDEL
du Théâtre des Nouveautés.

—o—

Mme BRESSAN
de la Bodinière.

—o—

M. MICHEL
du Théâtre des Variétés (Marseille).

—o—

M. G. GEMS
du Théâtre Municipal.

AVIS

Nous prions instamment les personnes désireuses de lire le numéro 30 de la revue de philosophie d'art *Les Tendances Nouvelles*, dans lequel seront reproduites les œuvres du graveur Paul Colin et qui paraîtra dans le courant de notre manifestation de bien vouloir nous en adresser la demande de suite.

Dans cet exemplaire nous donnerons aussi les principaux tableaux et sculptures exposés au « Musée du Peuple ».

Les Tendances Nouvelles sont l'organe de l'élite intellectuelle, pensante et active et participent intensément au développement artistique moderne de toutes les nations.

Les Tendances Nouvelles réunissent deux mille collaborateurs : peintres, sculpteurs, littérateurs, musiciens, décorateurs, etc., etc.

Angers, Imprimerie A. Burdin et Cie, 4, rue Garnier.

Madame COURTOIS

A l'honneur de solliciter votre visite en son Magasin de la **rue de l'Oisellerie, 7**, *où elle tient Commerce de Coffrets, Ecrans, Abat-Jour, Cadres, Miroirs, Coussins, etc., et tous autres Objets de Soierie qu'Elle Confectionne d'après les Styles Anciens et met en Vente à l'espoir de contenter sa Clientèle.*

➤➤➤ **EN FACE L'ÉVÊCHÉ** ◄◄◄

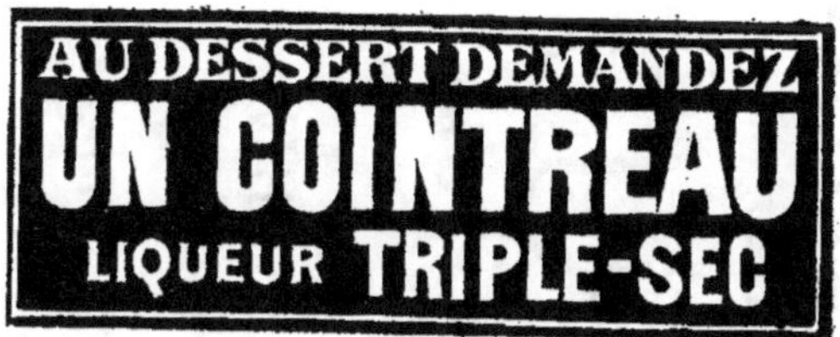

AUX BEAUX ARTS	DORURE & ENCADREMENTS
Miroiterie - Dorure - Encadrements	MIROITERIE
COULEURS FINES ET MATÉRIEL POUR ARTISTES	**A. CHAILLOUX**
Frédéric LAUGÉ	*71, rue Bressigny, 71*
G. RICOUL, Sʀ	**ANGERS**
23, rue d'Alsace,	Peinture et Dorure de Meubles
ANGERS	Restauration de Tableaux
	Nettoyage de Gravures

PRODUITS DE PREMIER CHOIX

AUX GRANDES MARQUES

A. BRUNET, Propriétaire

10, rue d'Alsace, ANGERS — Téléphone 1-61

Grands Vins de Bordeaux, Bourgogne, Champagne, Anjou
Liqueurs de la Maison Cointreau
SPÉCIALITÉS DE CAFÉS VERTS ET GRILLÉS
QUALITÉ RECOMMANDÉE IXO — 2 fr. 70 LE DEMI KILO

www.ingramcontent.com/pod-product-compliance
Lightning Source LLC
LaVergne TN
LVHW022327170726
843503LV00006B/2741